Tim, petit vétérinaire

Tu es triste, Jojo ?

tu lis je lis
Mes premiers romans à lire à deux
(Dès le premier trimestre du CP)

Un lecteur confirmé lit l'histoire
avec l'enfant qui apprend à lire.
Mais c'est l'apprenti lecteur
qui lit les dialogues, car ils ont été conçus
spécialement pour lui.

L'éditeur remercie Christophe Dupuy,
professeur des écoles, qui a testé cette histoire
avec les élèves de sa classe de CP.

ISBN : 978-2-7470-5199-6
Dépôt légal : novembre 2014
Loi n° 49-956 du 16 juillet 1949 sur les publications destinées à la jeunesse.

Achevé d'imprimer en août 2014 par Pollina
85400 LUÇON - N° Impression : L69536b
Imprimé en France

Tim, petit vétérinaire

Tu es triste, Jojo ?

écrit par Laurence Gillot
illustré par Séverine Cordier

bayard poche

Tim et son père, le docteur Plume,
viennent d’arriver au cirque.
Le directeur est inquiet pour son singe :

– Jojo ne mange plus.
Il est dans ma roulotte.

Tim regarde autour de lui :

– Dans quelle roulotte ?
La rouge, la verte, ou la jaune ?

Le directeur désigne la plus proche des trois :

– La verte.

Le docteur Plume cherche le singe partout, mais il ne le trouve pas.

– Il n'y a pas de Jojo ici !

Tim, lui, l'a repéré tout de suite.

– Mais si, Papa. Regarde, il est là, sur le lit. Il est caché sous la couverture !

Tim fait les présentations :

– Bonjour Jojo ! Je m'appelle Tim.
Et voici mon papa, il est médecin pour les animaux.

Le vétérinaire examine Jojo qui se laisse faire.

– Il est tout ramollo, mais on dirait qu'il n'a mal nulle part.

Le docteur Plume écoute le cœur de Jojo avec son stéthoscope.

– Tout est normal ! Alors, Jojo, pourquoi tu ne manges plus ?

Jojo se cache les yeux en gémissant.
Tim est ému :

– Il pleure, le pauvre !
C'est dommage, il ne peut pas parler.

Soudain, Jojo se redresse et tend ses deux bras vers le petit garçon.

– Tu as vu, Papa ?
Jojo veut venir avec moi !

Le docteur Plume range son matériel en souriant.

– Il veut que tu le rassures et il veut des câlins !

Dehors, le directeur du cirque attend avec impatience.

–Alors, avez-vous trouvé la maladie de mon Jojo ?

Le docteur Plume est embêté :

– Non, je ne sais pas ce qu'il a.
Il n'a rien au ventre, et il n'a pas de température.

Tim a remarqué quelque chose :
Jojo est vraiment triste.

– Depuis quand il est comme ça ?

Le directeur réfléchit :

– Il est comme ça… depuis… depuis jeudi. Oui, j'en suis sûr, car c'est ce matin-là que notre clown Pipo s'est cassé la jambe. Il est à l'hôpital.

Ça y est ! Tim a deviné pourquoi le petit singe va si mal.

– Je parie que Jojo et Pipo sont amis !

Le directeur est surpris. Il trouve que Tim est futé.

– Oui, Pipo et Jojo font un numéro tous les deux. Les enfants adorent !

Tim lance un petit clin d’œil à son père :

– J’ai une idée, Papa ! Je pense que Jojo va bientôt retrouver son appétit…

Le vétérinaire est fier de son garçon :

– Tim, tu es un vrai petit docteur !

Un peu plus tard, le docteur Plume et Tim arrivent... à l'hôpital avec Jojo.
Le singe est dans une poussette, caché sous une couverture !

– Sois sage, mon Jojo ! Ne bouge pas ! On va voir ton ami Pipo !

Mais catastrophe ! Jojo sort sa patte poilue de sous la couverture !
La dame de l'accueil écarquille les yeux.

– Mais c'est un singe !
Les animaux sont interdits, ici !

Le docteur Plume est gêné, mais Tim garde son sang-froid* :

– Pas du tout, madame.
C'est une grosse peluche !
C'est le doudou de mon petit frère !

Soulagée, la dame éclate de rire :

– Je suis désolée, je pensais que c'était un vrai singe !

Dans la chambre de Pipo, ce sont de joyeuses retrouvailles.

– Oh, la belle surprise ! Salut mon Jojo !

Soudain – toc toc toc ! – on frappe à la porte.

– Vite Jojo, cache-toi sous les draps !

Chacun retient son souffle*.
Pourvu que ce ne soit pas l'infirmière !
La porte s'ouvre…

Ouf, c'est le directeur du cirque avec
une magnifique corbeille de fruits dans les bras !

– Bonjour mes amis !

Jojo bondit du lit et attrape une banane !
Tout le monde éclate de rire !

– Youpi, Jojo a retrouvé son ami, et l'appétit !

bayard

DÈS LE CP

tu lis je lis

Mes premiers romans à lire à deux

- **Des histoires à lire à 2 voix** qui les rendent accessibles dès le premier trimestre de CP.
- **Un concept validé par un professeur des écoles** qui a guidé les auteurs, puis validé les histoires auprès d'une classe de CP.
- **Les mots difficiles sont expliqués** sur le rabat.
- Des histoires de **32 pages** pour frémir, s'émouvoir, rire, réfléchir... Des histoires de la vie !

Les débuts de la lecture autonome

Réfléchir et **comprendre**
la vie de tous les jours

Rire et **sourire**
avec des personnages insolites

Se faire peur et **frissonner**
de plaisir

Rêver et **voyager**
dans des univers fabuleux

Se lancer dans des aventures
pleines de rebondissements

bayard

Publicité

Retrouve chaque mois

le magazine mes premiers J'AIME LIRE

En vente par abonnement et chez ton marchand de journaux.

Pour en savoir plus, rendez-vous sur www.jaimelire.com